Jean
**HUON**

# LES ARMES BRITANNIQUES ET CANADIENNES DU JOUR-J

**Éditions Crépin-Leblond**
14 rue du Patronage Laïque
52000 CHAUMONT

La Grande-Bretagne a été l'une des premières nations européennes à adopter un fusil à répétition en 1888, mais il faut bien dire que son armement d'infanterie a peu évolué par la suite.

Lors de la Première Guerre mondiale, elle utilisait toujours le même fusil et n'avait toujours pas de pistolet automatique.

En 1939, elle était encore dans la même situation : le fusil de l'infanterie était toujours le même. Toujours pas de pistolet et aucun pistolet-mitrailleur.

Après Dunkerque, il a fallu faire appel à l'Amérique pour combler les pertes en fusils et en armes de poing.

Alors la Grande-Bretagne s'est ressaisie, elle a mis en production sur une grande échelle une version améliorée du fusil Lee-Enfield, tout en faisant appel aux capacités de production des États-Unis et du Canada, aussi bien pour lui procurer des fusils que des pistolets.

Elle mettait au point en un temps record, le pistolet-mitrailleur le plus laid, mais aussi le plus économique et le plus efficace de la Seconde Guerre mondiale : la Sten qui équipa aussi les forces de Résistance de nombreux pays.

La Grande-Bretagne a aussi su adapter ses besoins en fonction de ses disponibilités. C'est ainsi que de vieilles mitrailleuses d'avion ont équipé les parachutistes et les commandos.

Ainsi malgré son isolement au début de la guerre, les privations, le harcèlement des bombardiers allemands, puis des V 1, la Grande-Bretagne a réussi, grâce à son courage et à la détermination de son Premier ministre Winston Churchill, à tenir une place prépondérante dans la victoire contre les nazis.

**J.H.**

# PRÉFACE

# SOMMAIRE


**1 - ARMES DE POING**

**1.1** - Revolvers Enfield 8
**1.2** - Revolvers Webley 9
**1.3** - Revolver Smith & Wesson K/38-200 11
**1.4** - Pistolets semi-automatiques 12
**1.5** - Pistolets signaleurs 14

**2 - PISTOLETS-MITRAILLEURS**

**2.1** - Thompson M 1928 A1 16
**2.2** - Lanchester 17
**2.3** - Sten Mk I, Mk II, Mk III et Mk V 18

**3 - FUSILS**

**3.1** - Lee-Enfield No. 1 Mark III* et No. 4 23
**3.2** - Carabines U.S. M 1 et M 1 A1 26
**3.3** - Carabine De Lisle 26

**4 - FUSIL-MITRAILLEUR**
4.1 - Bren 27

**5 - MITRAILLEUSES**
5.1 - Vickers 30
5.2 - K-Gun 31
5.3 - Besa 33

**6 - ARMES ANTICHARS**
6.1 - Fusil antichar Boys 34
6.2 - Lance-roquettes PIAT 35

**7 - GRENADES**
7.1 - Grenades à main et à fusil 37
7.2 - Roquettes 41

**8 - MUNITIONS**
8.1 - .380 Mk II 42
8.2 - 9 mm Mk I Z et Mk II Z 43
8.3 - .455 Webley 43
8.4 - .455 Webley Auto 44
8.5 - .303 British 44
8.6 - 7,92 mm Besa 45
8.7 - .55 Boys 46

**9 - ARMES BLANCHES**
9.1 - Baïonnettes et dagues 47

# 1 - LES ARMES DE POING

## 1.1 - Les Revolvers Enfield

En 1887, l'armée britannique adopte le revolver Webley Mark I, calibre .455 (11,55 mm). Celui-ci est suivi d'autres modèles, le dernier d'entre eux étant le Mark VI, adopté en 1915.

### Enfield No. 2 Mark I

ENFIELD NO. 2 MK I (FACE GAUCHE)

Après la guerre 1914-1918, l'état-major britannique décide de remplacer les revolvers Webley de calibre .455 par une arme plus légère. C'est le modèle présenté par l'arsenal d'Enfield qui est retenu et adopté en 1932.
Il est fabriqué par Royal Small Arms Factory à Enfield Lock, Albion Motors à Glasgow et W. Eric & Sons.
Il s'agit d'une arme à canon basculant vers le bas, ce dernier est de section ronde sur sa face inférieure et à pans sur le dessus.
La carcasse forme un cadre solidaire du canon, elle est articulée sur un axe transversal.
Le barillet est cannelé.
La poignée renferme le mécanisme, celui-ci est accessible au moyen d'une plaque de recouvrement située du côté gauche. Initialement garnie de plaquettes en bois, cette poignée a reçu par la suite des plaquettes en matière plastique noire striées obliquement (plaquettes Mk I) et fixées par vis traversante.
Il existe aussi des plaquettes Mk II, semblables aux Mk I, mais munies d'un appui-pouce.
La platine est à simple et double action, le chien externe porte le percuteur. L'ensemble canon-barillet bascule vers le bas pour le chargement et le déchargement. Il est maintenu par un verrou en forme d'étrier qu'on manœuvre au moyen d'un levier placé à portée du pouce. L'ouverture de l'arme provoque l'extraction simultanée des étuis ou des cartouches.
Les organes de visée sont formés d'un guidon rectangulaire rapporté à l'extrémité du canon et d'un cran de mire en U taillé à la partie supérieure du verrou.

### Enfield No. 2 Mark I*

ENFIELD NO. 2 MK I* (FACE DROITE)

Le revolver Enfield No. 2 Mk I*, aussi appelé "Enfield Commando", se caractérise par un chien dont la crête a été supprimée, ce que fait qu'il tire seulement en double action.
Les plaquettes de poignée sont du type Mk II.

ÉTUI OUVERT DES TROUPES BLINDÉES

### Enfield No. 2 Mark I**

Ce modèle est identique à l'Enfield No. 2 Mk I*, mais le cran de demi-armé du chien a été supprimé. Il a été fabriqué à partir de 1942.

On estime qu'il a été fabriqué environ :
- 60 847 revolvers No. 2 Mark I,
- 144 337 revolvers No. 2 Mark I*,
- 63 860 revolvers No. 2 Mark I**.

Ce n'est qu'à partir de 1957, que les armes de poing à barillet (tous modèles confondus) sont progressivement retirées du service en Grande-Bretagne.

Ces revolvers prennent habituellement place dans un étui en toile kaki, porté à la ceinture. Il est fermé par un rabat muni d'un bouton-pression.
Les troupes blindées utilisaient un étui de cuisse ouvert et comportant six alvéoles pour des cartouches de réserve.

ÉTUI FERMÉ

| CARACTÉRISTIQUES ENFIELD No. 2 MARK I | |
|---|---|
| CALIBRE | 9 MM |
| MUNITION | .380 MK II |
| LONGUEUR TOTALE | 262 MM |
| LONGUEUR DU CANON | 127 MM |
| HAUTEUR | 144 MM |
| POIDS | 790 G |
| CAPACITÉ DU BARILLET | 6 COUPS |

## 1.2 - Les Revolvers Webley

### Webley Mark IV

Malheureux concurrent de l'Enfield No. 2 Mk I, lors des essais de 1928, le Webley Mark IV connut un succès commercial important, notamment auprès des forces de police. Lorsque éclate la Seconde Guerre mondiale, le War Office fait appel à la firme Webley & Scott Ltd. à Birmingham pour compléter les fournitures d'armes de poing.

Le Webley Mk IV est très proche de l'Enfield No. 2 Mk I ; tout comme lui, il possède un canon basculant vers le bas avec carcasse formant cadre, articulée sur un axe transversal. La poignée renferme le mécanisme, mais celui-ci ne possède pas de plaque de recouvrement.
Cette poignée reçoit des plaquettes en bakélite noire portant le nom du fabricant.

WEBLEY MK IV

WEBLEY MK IV, CANON BASCULÉ

Le barillet est cannelé.
La platine est à simple et double action, avec chien externe portant un percuteur. Pour le chargement et le déchargement, l'ensemble canon-barillet bascule vers le bas. Il est maintenu par un verrou en forme d'étrier qu'on manœuvre au moyen d'un levier placé à portée du pouce. L'ouverture de l'arme provoque l'extraction simultanée des étuis ou des cartouches.
Les organes de visée sont formés d'un guidon demi-lune rapporté à l'extrémité du canon et d'un cran de mire en U taillé à la partie supérieure du verrou.
Il a été produit 105 066 revolvers Webley & Scott Mk IV pour les forces armées du Royaume-Uni entre le 25 mai 1940 et la fin des hostilités. Un contrat tardif de 25 000 exemplaires a été mené à bien de septembre 1945 à mai 1947.
Le dernier Webley .38 Mk IV commercial est sorti d'usine le 7 septembre 1979.

**CARACTÉRISTIQUES WEBLEY MARK IV**

| | |
|---|---|
| CALIBRE | 9 MM |
| MUNITION | .380 MK II |
| LONGUEUR TOTALE | 254 MM |
| LONGUEUR DU CANON | 127 MM |
| HAUTEUR | 146 MM |
| POIDS | 765 G |
| CAPACITÉ DU BARILLET | 6 COUPS |

## Webley Mark III

Le fabricant de Birmingham a aussi fourni aux troupes du Commonwealth, des Webley Mk III.
Ce modèle est muni d'un canon de trois pouces et sa poignée reçoit des plaquettes en bois. Il n'y a pas de guides latéraux devant le barillet (ces derniers servent à caler l'arme dans l'étui).

### Webley Mark IV Pocket

Le Mk IV Pocket est en tout point identique au Mk IV mais son canon est plus court (3 pouces).

WEBLEY MK IV POCKET

### Webley Mark VI

Le Webley Mark VI, calibre .455, était toujours en service dans certaines unités à la fin de la Seconde Guerre mondiale et il n'a été retiré du service qu'en 1947.
Le Webley Mark VI est une arme lourde, robuste et imposante.

WEBLEY MK VI AVEC SON ÉTUI

## 1.3 - Le Revolver Smith & Wesson

### Smith & Wesson K .38/200

Dès le mois d'avril 1940, le gouvernement britannique commande aux États-Unis des revolvers Smith & Wesson "Military and Police", chambrés pour la cartouche britannique .380 Mk II. Ils sont d'abord livrés avec une finition bronzée, puis avec un traitement de surface parkérisé.
En 1942, les forces armées américaines passent commande d'une arme identique mais chambrée en .38 Special. Ce revolver est désigné Victory Model (voir LES ARMES AMÉRICAINES DU JOUR J, dans la même collection).

REVOLVER SMITH & WESSON VICTORY

**CARACTÉRISTIQUES SMITH & WESSON K .38/200**

| | |
|---|---|
| CALIBRE | 9 MM |
| MUNITION | .38 SPECIAL |
| LONGUEUR TOTALE | 260 MM |
| LONGUEUR DU CANON | 127 MM |
| HAUTEUR | 135 MM |
| POIDS | 850 G |
| CAPACITÉ DU BARILLET | 6 COUPS |

## 1.4 - Les Pistolets Semi-Automatiques

Exception faite de quelques tentatives à l'initiative de la firme Webley, l'industrie britannique n'a jamais développé de pistolets semi-automatiques et elle a dû faire appel à l'étranger pour s'approvi-sionner dans les périodes de crise.

### Webley Self Loading Mark I

C'est un gros pistolet mis au point en 1912, il comporte une boîte de culasse prismatique et un canon dégagé. La poignée est garnie de plaquettes en bakélite, elle est munie d'une pédale de sécurité.
L'arme possède une platine à simple action, avec un chien externe. Elle fonctionne par court recul du canon, ce dernier s'abaisse grâce à des rampes obliques et se désolidarise de la glissière qui seule recule.
La munition utilisée est particulière à cette arme, il s'agit du .455 Webley Auto, une cartouche spécifique qui n'est interchangeable avec aucune autre et surtout pas le .455 Webley des revolvers ou le .45 ACP !
Le pistolet Webley S.L. Mk I et son successeur le Mk I No. 2, sont restés en service dans la marine et l'aéronautique navale jusqu'à la fin de la Seconde Guerre mondiale.

**CARACTÉRISTIQUES WEBLEY S.L. MARK I**

| | |
|---|---|
| CALIBRE | 11,55 MM |
| MUNITION | .455 WEBLEY AUTO |
| LONGUEUR TOTALE | 216 MM |
| LONGUEUR DU CANON | 127 MM |
| HAUTEUR | 147 MM |
| POIDS | 1 100 G |
| CAPACITÉ DU CHARGEUR | 7 COUPS |

### Colt M 1911 et M 1911 A1

Déjà au cours de la Première Guerre mondiale, le Royal Flying Corps (ancêtre de la RAF) avait employé environ 17 500 pistolets Colt M 1911, dont 13 300 rechambrés en .455 Webley Auto. Ils restent en service dans la RAF jusqu'en 1942 et sont, à partir de cette date, reversés aux équipages des hydravions de secours en mer.
Pendant la Seconde Guerre mondiale, la Grande-Bretagne se procure aux U.S.A, des pistolets Colt M 1911 A1, qu'elle affecte au personnel navigant de la RAF, puis aux parachutistes et aux commandos.

**PISTOLET COLT M 1911 A1**

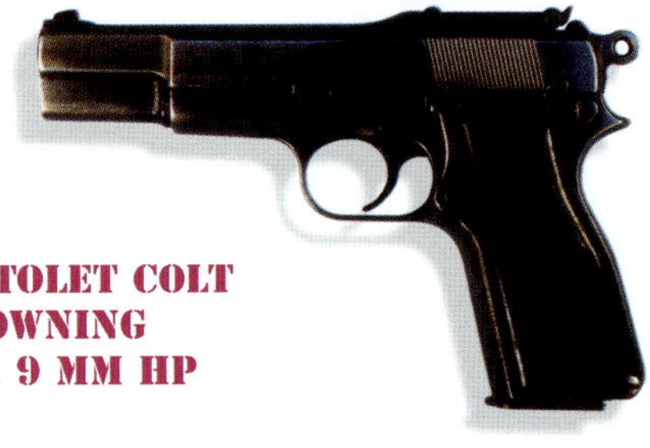

**PISTOLET COLT BROWNING F.N. 9 MM HP**

LES ROYAL MARINES UTILISAIENT LE PISTOLET COLT AU MOMENT DU DÉBARQUEMENT

## BROWNING F.N. 9 mm H.P.

Dessiné par John Moses Browning et mis au point par un de ses plus proches collaborateurs, Dieudonné Saive, le pistolet Browning à grande puissance de la F.N. est adopté par la Belgique en 1935 et il est utilisé par un grand nombre de pays. Pendant la dernière guerre, D. Saive gagne le Nouveau Monde et les plans de l'arme sont reconstitués au Canada. La société John Inglis Limited à Toronto, a produit 151 816 pistolets pour les Alliés (Anglais, Canadiens, Chinois). Les Britanniques les ont, dans un premier temps, attribué aux troupes d'élite : royal marines, commandos, parachutistes.

Il existe quatre versions du pistolet Browning produit au Canada :

- Pistol Browning HP No. 1 Mk I avec hausse tangentielle et rainure destinée à la fixation d'une crosse-étui en bois semblable à celle du Mauser 1896.
- Pistol Browning HP No. 1 Mk I*, comportant des modifications concernant le chien, l'extracteur, l'éjecteur et l'embase du guidon.
- Pistol Browning HP No. 2 Mk I avec cran de mire fixe ; il est, en principe, démuni de la rainure destinée au montage de la crosse.
- Pistol Browning HP No. 2 Mk I*, identique au modèle précédent avec le chien, l'extracteur, l'éjecteur et l'embase du guidon modifiés.

La carcasse du G.P. est en acier usiné, recevant une finition phosphatée. La poignée est garnie de plaquettes en bois ou en matière plastique noire, fixées par vis.
La glissière est elle aussi en acier usiné, avec la fenêtre d'éjection à droite et des cannelures obliques de préhension à l'arrière. Elle enveloppe entièrement le canon ; le ressort-récupérateur et sa tige-guide sont disposés au-dessous de ce dernier.
L'arme est alimentée par un boîtier-chargeur à grande capacité recevant treize cartouches placées en double pile imbriquée. Le poussoir de verrouillage est transversal, son bouton de manœuvre est disposé à portée du pouce à la naissance du pontet.
La platine est à simple action, et un chien externe à crête cannelée percée d'un trou agit sur un percuteur. Une sûreté facultative est placée à l'arrière gauche de la carcasse, près du busc.

UN PARACHUTISTE ANGLAIS EN HOLLANDE, ARMÉ DU PISTOLET BROWNING

On trouve également un arrêtoir de culasse dont la commande manuelle est placée du même côté au-dessus de l'ouverture du pontet. L'arme est pourvue d'une sûreté de chargeur.
Ce pistolet fonctionne par court recul du canon, une rampe oblique usinée dans un talon placé à l'arrière du tube force celui-ci à s'abaisser après le départ du coup. Le verrouillage est réalisé par deux tenons fraisés sur le dessus du canon.
Selon les modèles, on peut trouver sur cette arme des organes de visée composés d'un cran de mire fixe et d'un guidon demi-lune, ou bien d'une hausse tangentielle et d'un guidon trapézoïdal. Cette dernière version peut aussi recevoir une crosse-étui en bois.

**CARACTÉRISTIQUES BROWNING F.N. 9 MM H.P.**

| | |
|---|---|
| CALIBRE | 9 MM |
| MUNITION | 9 MM PARABELLUM |
| LONGUEUR TOTALE | 198 MM |
| LONGUEUR DU CANON | 118 MM |
| HAUTEUR | 124 MM |
| POIDS | 910 G |
| CAPACITÉ DU CHARGEUR | 13 CART. |

Les Britanniques utilisaient pour le Colt et le Browning, un étui en toile souple, muni d'un rabat fermant au moyen d'un bouton-pression. Il accueille chacun d'entre eux, avec un certain jeu.

Les Canadiens employaient, quant à eux, un étui enveloppant en toile rigide pour le G.P.

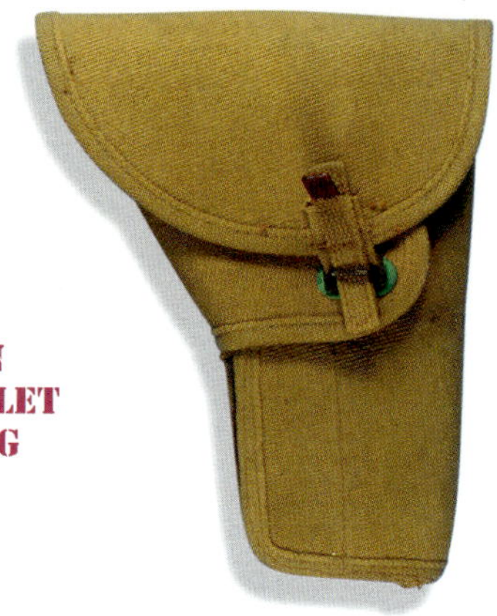
L'ÉTUI CANADIEN DU PISTOLET BROWNING

## 1.5 - Les Pistolets Signaleurs

Les pistolets signaleurs ont tenu une place importante dans l'armée britannique au cours de la Seconde Guerre mondiale. Cet héritage du premier conflit universel se retrouve chez tous les belligérants pauvres en moyens radios.

### Webley Mark III

Arme à carcasse en bronze, avec poignée ronde garnie de plaquettes en bois.
Le pontet ovale, en acier, est rapporté. Canon basculant en bronze, verrouillé au moyen d'un demi-collier manœuvré par une clé latérale.

WEBLEY MARK III

**CARACTÉRISTIQUES WEBLEY MK III**

| | |
|---|---|
| CALIBRE | 26,5 MM |
| LONGUEUR TOTALE | 204 MM |
| LONGUEUR DU CANON | 105 MM |
| HAUTEUR | 158 MM |
| POIDS | 160 G |

### Webley Mark IV

Modèle semblable au précédent. La carcasse et le canon, évasé à la bouche, sont en zamak. La poignée est garnie de plaquettes en bakélite.
Le pontet trapézoïdal est moulé dans le même bloc que la carcasse.
Le canon, évasé à la bouche, bascule pour le chargement et il est verrouillé au moyen d'un demi-collier manœuvré par une clé latérale.

### Signal Pistol Webley Model M

C'est un signaleur trapu, essentiellement utilisé par les troupes blindées. À cet effet, il est muni au bout du canon de quatre tenons permettant son installation sur un sabord de tourelle.
La carcasse est en acier, elle est garnie des mêmes plaquettes que le revolver Mark VI, ce qui n'a rien d'étonnant puisque ce lanceur pyrotechnique est fabriqué chez Webley.
L'engin comporte une platine à double action, avec chien sans crête. Il existe une sûreté qui s'enclenche automatiquement à l'ouverture de l'arme. Pour la désarmer, il faut presser le bouton-poussoir situé à gauche du verrou.
Le canon bascule pour le chargement, il est verrouillé au moyen d'un verrou en T placé au-dessus du chien.

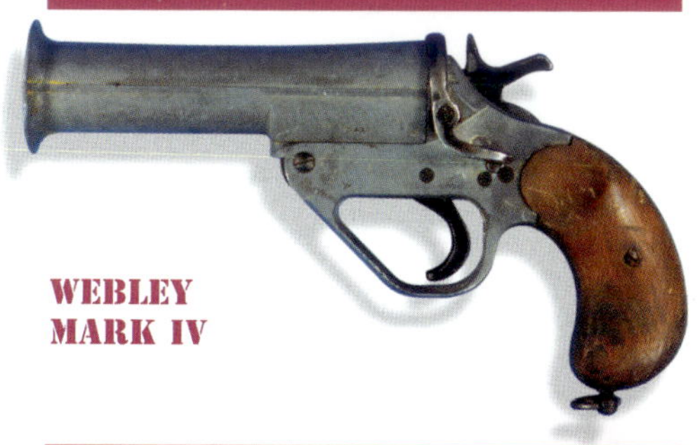

WEBLEY MARK IV

SIGNAL PISTOL WEBLEY MODEL M

**CARACTÉRISTIQUES WEBLEY MARK IV**

| | |
|---|---|
| CALIBRE | 26,5 MM |
| LONGUEUR TOTALE | 244 MM |
| LONGUEUR DU CANON | 146 MM |
| HAUTEUR | 167 MM |
| POIDS | 1 080 G |

**CARACTÉRISTIQUES SIGNAL PISTOL WEBLEY MODEL M**

| | |
|---|---|
| CALIBRE | 40 MM |
| LONGUEUR TOTALE | 198 MM |
| LONGUEUR DU CANON | 104 MM |
| HAUTEUR | 176 MM |
| POIDS | 1 250 G |

# 2 - PISTOLETS-MITRAILLEURS

## 2.1 - Les Pistolets-Mitrailleurs Thompson

**P.M. THOMPSON M 1921 A1 AVEC CHARGEUR DROIT**

La Grande-Bretagne ne s'est pas vraiment intéressée aux pistolets-mitrailleurs entre les deux guerres. Seule la firme B.S.A. a tenté de commercialiser de 1926 à 1929, des P.M. Thompson adaptés au marché européen, mais faute de commandes, le projet n'a pas été poursuivi.

En 1939, les Britanniques se rapprochent de Smith & Wesson pour le développement d'un semi-automatique tirant la munition 9 mm Parabellum, mais le projet n'est pas poursuivi.

Dès l'entrée en guerre de la Grande-Bretagne, la société américaine Auto-Ordnance lui propose la fourniture de pistolets-mitrailleurs Thompson. La réponse des pouvoirs publics est très sèche : "Nous n'avons pas besoin d'armes de gangsters". L'histoire a heureusement oublié le nom de l'auteur de cette phrase.

En février 1940, la Grande-Bretagne commande des pistolets-mitrailleurs, tout comme la France d'ailleurs. Les premières armes livrées sont des modèles 1921 et des modèles 1928. Certains d'entre eux devaient être fournis à la France, mais suite à l'armistice de juin 1940, la commande a été orientée vers la Grande-Bretagne.

Avec le développement du conflit, la demande est devenue telle, qu'Auto-Ordnance charge Savage de relancer la production, avant d'installer sa propre usine à Bridgeport (Connecticut).

**LES FRANÇAIS DE No 4 COMMANDO ÉTAIENT AUSSI ÉQUIPÉS DE P.M. THOMPSON M 1928 A1**

Entre février 1940 et la fin de la guerre, la Grande-Bretagne reçoit 107 500 pistolets- mitrailleurs Thompson. On y trouve principalement des M 1928 A1, mais des M 1921 et des M 1 ou M1 A1 ont également été livrés.

Au moment du débarquement, les Thompson équipaient principalement les troupes d'élite.

N.B. Les pistolets-mitrailleurs Thompson sont décrits dans la brochure LES ARMES AMÉRICAINES DU JOUR J, dans la même collection.

## 2.2 - Le P.M. Lanchester

À l'entrée en guerre de la Grande-Bretagne en septembre 1939, il n'y a aucun pistolet- mitrailleur en service. Pour combler le déficit, on achète des P.M. Thompson aux États-Unis et on charge un technicien de mettre au point un modèle national.

Celui-ci se nomme George Lanchester, il s'inspire du P.M. allemand Schmeisser MP 28 II et crée une copie qui est mise en fabrication chez Sterling Engeneering Company à Dagenham (Essex).

### Lanchester Mark I

Ce modèle entre en production en avril 1941.
Il possède une monture en bois, dont la crosse munie d'une poignée à bec, est semblable à celle du fusil Lee-Enfield. La plaque de couche est en bronze. La carcasse cylindrique se prolonge par un manchon perforé et elle est obturée à l'arrière par un bouchon à vis. La culasse mobile est cylindrique, elle possède un levier d'armement à croc et un ressort- récupérateur de gros diamètre.
Le manchon d'alimentation est en bronze, il est placé au centre de l'ensemble carcasse-manchon. Il reçoit un chargeur horizontal de cinquante cartouches, les chargeurs de Sten peuvent également être employés.
La sûreté consiste en une encoche placée sur la rainure de passage du levier d'armement.
Un sélecteur, localisé sur la branche avant du pontet du côté droit, permet le tir coup par coup ou en rafales. Il sera supprimé à la fin de la guerre.
Les organes de visée se composent d'un guidon protégé par des oreilles et d'une hausse tangentielle à curseur et gradins (100-600 yards).
Pour le démontage, il suffit de tourner la clé située à l'arrière de la carcasse, celle-ci bascule alors comme un fusil de chasse.

**CARACTÉRISTIQUES LANCHESTER MK I**

| | |
|---|---|
| CALIBRE | 9 MM |
| MUNITION | 9 MM PARABELLUM |
| LONGUEUR TOTALE | 0,850 M |
| LONGUEUR AVEC BAÏONNETTE | 1,285 M |
| LONGUEUR DU CANON | 0,200 M |
| POIDS DE L'ARME SANS CHARGEUR | 4,380 KG |
| CAPACITÉ DU CHARGEUR | 13 CART. |
| CADENCE DE TIR | 600 CPS / MN |
| CAPACITÉ DU CHARGEUR | 50 COUPS |

P.M. LANCHESTER MK I

Le Lanchester reçoit la baïonnette No. 1 Mk I du fusil Lee-Enfield No. 1 Mk III*.

### Lanchester Mark I*

Variante simplifiée du modèle précédent : le sélecteur est supprimé, la hausse tangentielle est remplacée par une équerre basculante à deux positions.

Les P.M. Lanchester ont d'abord été utilisés par la Royal Air Force, ils ont ensuite été reversés à la Royal Navy qui les a conservés jusqu'en 1956.

## 2.3 - Les Pistolets-Mitrailleurs Sten

Après la retraite de Dunkerque en juin 1940, les Britanniques avaient perdu beaucoup de matériel et ils présentaient de grosses lacunes dans certains domaines. Comme nous l'avons vu, leur armée était totalement démunie de pistolets-mitrailleurs. Les Lanchester étaient trop coûteux à fabriquer et les Thompson étaient trop rares.
Il fallait absolument réaliser une arme nationale simple et économique. À l'arsenal de Springfield, deux techniciens se mettent à l'œuvre : Reginald Vernon Shepherd, commandant en retraite, ancien contrôleur militaire des arsenaux britanniques et Harold J. Turpin, ingénieur d'armement, chef du bureau d'étude de l'arsenal d'Enfield. Ils conçoivent un engin simple, lui aussi dérivé du Schmeisser, mais beaucoup moins coûteux à fabriquer. Rarement arme fut aussi rustique (47 pièces) et fabriquée à si peu de frais (30 shillings de l'époque) : tubes et profilés du commerce, estampage, soudure, brasure avec un minimum de pièces usinées. On met à contribution une multitude de sous-traitants et les premières armes sont livrées le 20 octobre 1941.
L'assemblage est assuré par :
• Royal Small Arms Factory, Enfield Lock.
• Royal Small Arms Factory, Fazakerley.
• Birmingham Small Arms, Tysley.
• Long Branch Arsenal (Canada).
• Wemmington (Nouvelle-Zélande).
L'arme est bronzée ou peinte en noir (parfois même en kaki).
Entre 1941 et la fin de la guerre, on produit 3 750 000 Sten, tous modèles confondus.
C'est à Dieppe en novembre 1942, que les Sten sont employées pour la première fois au combat.

### STEN Mark I

STEN est l'acronyme de Sheppard Turpin Enfield.
Les Britanniques ont choisi le calibre 9 mm, ce qui permettait de s'approvisionner sur l'ennemi. Ils ont aussi

conçu une arme qui permettait l'emploi des chargeurs MP 38/MP 40, mais pas l'inverse !

Le premier modèle était horriblement laid, mais il avait le mérite d'exister et de fonctionner correctement. On en produit environ 200 000 exemplaires en 1941 et 1942.

L'arme est munie d'une crosse triangulaire en fer plat, munie de plaquettes en bois au niveau de la poignée.

La carcasse tubulaire est prolongée d'un manchon de même section. Une rainure de passage pour le levier d'armement y est aménagée, le cran de sûreté est en partie basse.

La culasse mobile est cylindrique, elle possède un levier d'armement à croc et un ressort- récupérateur de gros diamètre.

Le mécanisme de mise à feu est associé à un sélecteur à bouton-poussoir transversal permettant le tir coup par coup ou en rafales. Ses éléments sont protégés par un fût en bois à l'extrémité duquel se trouve une poignée articulée en bois.

Le manchon d'alimentation est en tôle, il est fixe et se trouve au centre de l'ensemble carcasse-manchon. Il reçoit un chargeur horizontal de trente-deux cartouches, les chargeurs de Lanchester peuvent également être employés.

Le canon est terminé par un cache-flamme biseauté. L'arme fonctionne avec une culasse non calée. Son système de sécurité est très aléatoire, il se résume à une simple encoche faite dans la mortaise de passage du levier d'armement !

Il existe une variante, avec une crosse No. 2 Mark II, de même profil, confectionnée avec deux éléments tubulaires et une plaque de couche en fer plat.

**STEN MARK I AVEC CROSSE No. 2 MARK II**

| CARACTÉRISTIQUES STEN MARK I | |
|---|---|
| CALIBRE | 9 MM |
| MUNITION | 9 MM PARABELLUM |
| LONGUEUR TOTALE | 0,896 M |
| LONGUEUR DU CANON | 0,198 M |
| POIDS DE L'ARME SANS CHARGEUR | 3,245 KG |
| CADENCE DE TIR | 550 CPS / MN |
| CAPACITÉ DU CHARGEUR | 32 COUPS |

## STEN Mark I*

Apparu à la fin de 1941, ce modèle voit sa fabrication simplifiée.

La crosse est remplacée par une crosse dite "squellette", formée d'un profil en U contrecoudé.

Les éléments en bois ont disparu, ils sont remplacés par un carter en tôle emboutie et brasée.

On en fabrique environ 100 000 exemplaires.

Toutes versions confondues, les Sten Mark I et Mark I* sont produites à 300 149 exemplaires. Elles sont retirées du service le 24 septembre 1947.

**CARACTÉRISTIQUES**
**STEN MARK I***

| | |
|---|---|
| CALIBRE | 9 MM |
| MUNITION | 9 MM PARABELLUM |
| LONGUEUR TOTALE | 0,794 M |
| LONGUEUR DU CANON | 0,198 M |
| POIDS DE L'ARME SANS CHARGEUR | 3,225 KG |
| CADENCE DE TIR | 550 CPS / MN |
| CAPACITÉ DU CHARGEUR | 32 COUPS |

## STEN Mark II

La Sten Mk II est certainement la variante la plus connue, elle fut produite à environ deux millions d'exemplaires.
De la Mark I, elle conserve la carcasse et le mécanisme de détente. Le cran de sûreté est désormais en partie haute et il le restera sur les autres modèles.
Le couloir d'alimentation est monté sur un manchon rabattable.
À l'avant de la carcasse, se trouve un manchon tubulaire perforé qui assure le maintien du canon.
On peut rencontrer cette arme avec deux types de crosse :
- crosse "squelette" fabriquée avec un profil en U, comme sur la Sten Mk I*,
- crosse tubulaire monobranche avec une plaque de couche en fer plat percée de deux trous.

Cette crosse est aisément démontable, il en est de même pour l'ensemble manchon-canon. Ceci fait qu'en position de transport, la Sten pouvait être démontée en trois éléments ; en outre, son couloir d'alimentation rotatif permettait d'en réduire l'encombrement. La Sten Mk II peut recevoir une baïonnette-poinçon qui lui est propre.

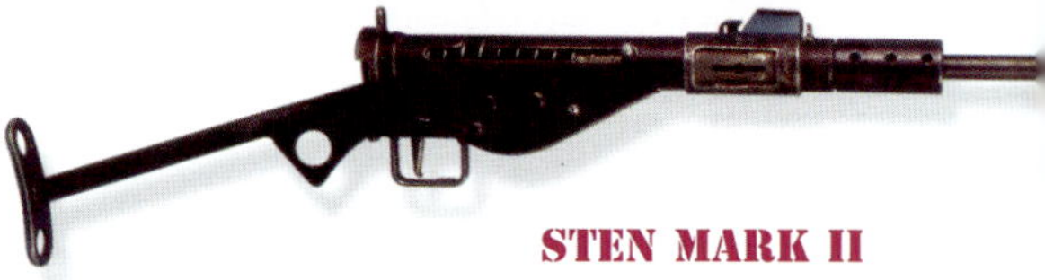

STEN MARK II

**CARACTÉRISTIQUES**
**STEN MARK II**

| | |
|---|---|
| CALIBRE | 9 MM |
| MUNITION | 9 MM PARABELLUM |
| LONGUEUR TOTALE | 0,762 M |
| LONGUEUR AVEC BAÏONNETTE | 0,932 M |
| LONGUEUR DU CANON | 0,185 M |
| POIDS | 3,025 KG |
| CADENCE DE TIR | 550 CPS / MN |
| CAPACITÉ DU CHARGEUR | 32 COUPS |

## STEN Mark II S

Il s'agit d'une Mk II munie d'un canon plus court et d'un modérateur de son très efficace. Son ressort-récupérateur est plus souple, ce qui permet l'emploi de munitions subsoniques. On ne devait en principe ne l'utiliser qu'en coup par coup.
Cette version était réservée aux missions spéciales et aux unités de résistance.

STEN MARK II S

LA STEN MARK II FUT L'ARME DE BASE DES RÉSISTANTS

**CARACTÉRISTIQUES STEN MARK II S**

| | |
|---|---|
| CALIBRE | 9 MM |
| MUNITION | 9 MM PARABELLUM |
| LONGUEUR TOTALE | 0,940 M |
| LONGUEUR DU CANON | 0,092 M |
| POIDS DE L'ARME SANS CHARGEUR | 3,475 KG |
| CADENCE DE TIR | 450 CPS / MN |
| CAPACITÉ DU CHARGEUR | 32 COUPS |

## STEN Mark III

Les Britanniques ont aussi réalisé la Sten Mark III, elle a été développée à l'initiative de l'un des sous-traitants : Lines Brothers (un fabricant de jouets). Elle est encore plus simple que la précédente. Sa carcasse n'est plus formée d'un tube, mais d'un élément en tôle emboutie, roulée et soudée, avec une soudure longitudinale en partie haute... Il est plus long que celui de la Mk II et ne se démonte pas.
La fenêtre d'alimentation est munie d'un protège-doigts.
Le canon ne se démonte pas et le couloir d'alimentation est fixe.

PARACHUTISTES ANGLAIS EN NORMANDIE, AVEC DES STEN MK V

PARACHUTISTE ANGLAIS AVEC UNE STEN MARK II

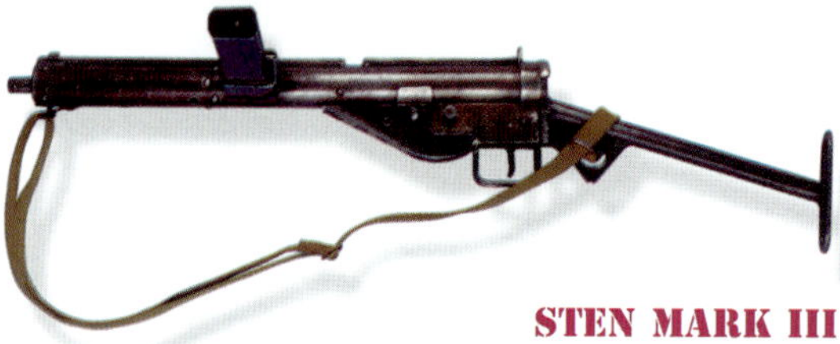

STEN MARK III

Cette arme est munie de la crosse monotubulaire.
Il a été produit 876 794 Sten Mk III en 1943 et 1944.

## STEN Mark IV

La Sten Mark IV est une arme expérimentale dérivée de la Mk II, son canon est plus court et elle est munie d'une crosse pliante dont il existe deux variantes (Mk IV A et Mk IV B).
Ce modèle a été développé pour les parachutistes, mais on en a seulement fabriqué 2 000 exemplaires.

## STEN Mark V

Introduite en 1944, la Mark V représente la forme la plus évoluée de la Sten. Elle a été produite jusqu'à la fin de la guerre à environ 400 000 exemplaires.
On y trouve une crosse en bois munie de la plaque de couche en bronze du fusil Lee-Enfield.
Une poignée-pistolet est montée au niveau du boîtier du mécanisme de détente qui a été modifié en conséquence.
La carcasse, le manchon de refroidissement, et le canon, sont presque les mêmes que ceux de la Sten Mark II.
Une poignée avant montée sur un collier est installée sur le manchon de refroidissement. Elle sera supprimée après la guerre car jugée trop fragile.
Le canon porte un guidon protégé par des oreilles, identique à celui du fusil Lee-Enfield No. 4.

**CARACTÉRISTIQUES STEN MARK II S**

| | |
|---|---|
| CALIBRE | 9 MM |
| MUNITION | 9 MM PARABELLUM |
| LONGUEUR TOTALE | 0,762 M |
| LONGUEUR AVEC BAÏONNETTE | 0,972 M |
| LONGUEUR DU CANON | 0,190 M |
| POIDS | 3,875 KG |
| CADENCE DE TIR | 550 CPS / MN |
| CAPACITÉ DU CHARGEUR | 32 COUPS |

STEN MARK V

Ce modèle est muni d'une sûreté additionnelle permettant d'immobiliser la culasse mobile en position avant à l'aide du levier d'armement. Ce dispositif sera monté en rattrapage sur certaines Sten Mk II et Mk III.
La Sten Mark V reçoit tous les types de baïonnettes adaptables au fusil Lee-Enfield No. 4.
Cette arme s'est illustrée avec les parachutistes polonais, français et britanniques, du Débarquement de Normandie à l'opération Market Garden sur la Hollande. Elle était encore en service lors de l'intervention franco-britannique à Suez en 1956.

## STEN Mark VI

C'est une Mk V munie d'un silencieux.

# 3 - FUSILS

## 3.1 - Les Fusils Lee-Enfield

En 1888, la Grande-Bretagne adopte un fusil à répétition de petit calibre de type Lee, avec un canon rayé au système Metford. L'évolution des techniques fait que ce modèle est remplacé par un fusil qui conserve le même mécanisme, mais utilise un canon muni de rayures système Enfield.
Le Lee-Enfield est adopté en 1896. Ce dernier connaît de nombreuses variantes.

### Lee-Enfield No. 1 Mark III*

En 1902, la Grande-Bretagne adopte le fusil court Lee-Enfield No. 1 Mark I, en remplacement des fusils longs et des carabines, pour l'armement de l'ensemble de ses troupes.

**FUSIL LEE-ENFIELD No. 1 MARK III***

Plusieurs variantes vont lui succéder et le modèle adopté en 1907, le fusil court No. 1 Mark III est celui qu'on rencontre le plus fréquemment au cours de la Première Guerre mondiale. On le perfectionne au cours du conflit et en 1916 apparaît le fusil court No. 1 Mark III*. Ce modèle est toujours en service en 1939 et il est fabriqué jusqu'en 1943, sauf en Australie où sa production se poursuit jusqu'en 1955.
Au moment du débarquement de Normandie, ce fusil est toujours en service dans la marine et les unités situées en arrière du front.
Il a été produit environ 6 700 000 fusils No. 1 Mk III et Mk III*, par :

- Arsenal d'Enfield, Enfield Lock.
- Arsenal de Sparbrook, Birmingham.
- Birmingham Small Arms, Birmingham.
- London Small Arms Factory, Londres.
- Westley Richards, Londres.
- Arsenal de Lightgow, Nouvelle-Galles du Sud (Australie).
- Arsenal d'Ishapore (Inde).

Ce fusil comporte une monture en deux pièces. La crosse présente une forme particulière avec une poignée à bec, elle possède aussi une plaque de couche en bronze. Le fût se prolonge jusqu'à l'extrémité du canon avec lequel il est rendu solidaire grâce à une grenadière et à un embouchoir légèrement proéminent. Le garde-main en deux pièces recouvre entièrement le canon.
La culasse mobile à verrou possède un levier d'armement coudé, une tête mobile et un percuteur solidaire d'un chien carré à course linéaire. Elle prend place dans une carcasse ouverte en partie haute et munie d'une échancrure sur sa paroi gauche pour le passage du pouce lors des opérations de chargement.
L'alimentation s'effectue au moyen d'un boîtier-chargeur formé de plusieurs éléments brasés qu'on garnit au moyen de deux clips de cinq cartouches.

Les organes de visée sont constitués par un guidon protégé par des oreilles et une hausse tangentielle à curseur et gradins (20-2 000 yards).
Le fusil Lee-Enfield No. 1 Mark III* reçoit la baïonnette No. 1 Mark I.

### LE MÉCANISME DU FUSIL LEE-ENFIELD No. 1 MARK III*

### CARACTÉRISTIQUES LEE-ENFIELD NO. 1 MARK III*

| | |
|---|---|
| CALIBRE | 7,7 MM |
| MUNITION | .303 BRITISH |
| LONGUEUR TOTALE | 1,138 M |
| LONGUEUR AVEC BAÏONNETTE | 1,568 M |
| LONGUEUR DU CANON | 0,640 M |
| POIDS | 4,050 KG |
| CAPACITÉ DU MAGASIN | 10 COUPS |

## Lee-Enfield No. 4 Mark I

En 1939, les Britanniques adoptent une nouvelle version du fusil Lee-Enfield dont la fabrication en série ne devient opérationnelle qu'en 1942. Il constitue l'armement de base des troupes britanniques engagées sur le front de l'Europe de l'Ouest.
Il a été produit plus de 2,5 millions de fusils Lee-Enfield No. 4 Mark I, par :

- Arsenal de Fazakerley, Liverpool.
- Birmingham Small Arms, Birmingham.
- Malby Fuze and Small Arms Factory.

Comme tous les autres fusils de la même famille, celui-ci comporte une monture en deux parties, avec crosse munie d'une poignée à bec et plaque de couche en bronze. Le fût laisse légèrement dépasser le canon, ce dernier est entièrement recouvert par un garde-main. Ces différentes pièces sont assemblées par la grenadière et l'embouchoir à capuche.
La boîte de culasse est plus massive que celle du No. 1 Mk III*, mais son usinage est simplifié. Elle est ouverte sur le dessus et un guide-clip à pont renforce la pièce. La culasse mobile est cylindrique, avec un levier d'armement coudé, une tête mobile et un percuteur solidaire d'un chien carré à course linéaire.
L'alimentation s'effectue au moyen d'un boîtier-chargeur en tôle emboutie, qu'on approvisionne au moyen de deux clips de cinq cartouches.
Les organes de visée sont formés d'un guidon protégé par des oreilles et d'une hausse dont il existe plusieurs variantes :

- Mk I, avec planchette rabattable portant un œilleton de combat rapproché et un œilleton à réglage micrométrique (200-1 300 yards),
- Mk II, avec équerre basculante à deux œilletons (300 et 600 yards),

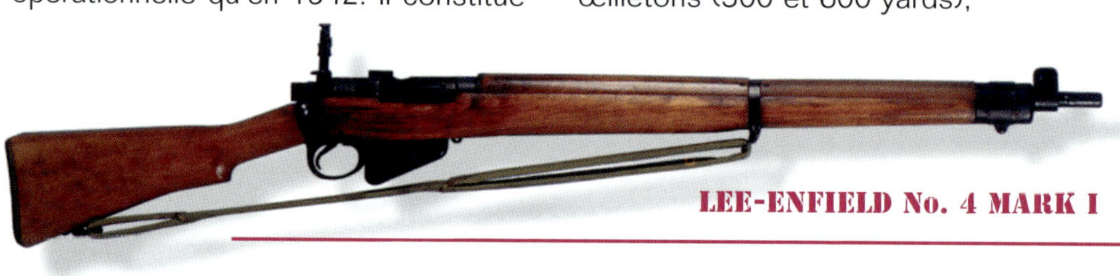

LEE-ENFIELD No. 4 MARK I

ÉQUIPE-FEU BRITANNIQUE, LE TIREUR AU F.-M. BREN À GAUCHE, EST ACCOMPAGNÉ D'UN POURVOYEUR ARMÉ D'UN FUSIL LEE-ENFIELD NO. 4, QUI PORTE DANS SON SAC À DOS UN CANON DE RECHANGE

• Mk III et Mk IV, variantes simplifiées de la Mk I fabriquées en tôle emboutie. L'arme peut recevoir une baïonnette à douille munie d'une courte lame.

### Lee-Enfield No. 4 Mark I*

C'est la version nord-américaine du modèle précédent. Il a été mis en fabrication à partir de 1942 par :

• L'arsenal de Long Branch (Ontario) au Canada à 900 000 exemplaires.

• Savage-Stevens Arms Corporation, Chicoppe Falls (Massachusetts) aux États-Unis à plus d'un million d'exemplaires.

Le Lee-Enfield No. 4 Mark I* se caractérise par une fabrication simplifiée par l'usage de tôle emboutie, qu'on retrouve dans la confection de certaines pièces : plaque de couche, arrêtoir de culasse, hausse.

En raison de ses origines, ce fusil a souvent été surnommé "fusil canadien". Il a notamment équipé les forces armées du Canada et celles de troupes alliées (Belges, Français, Hollandais, Polonais).

TIREUR D'ÉLITE AVEC UN FUSIL LEE-ENFIELD NO. 4 MARK I* (T)

**CARACTÉRISTIQUES LEE-ENFIELD No. 4 MARK I**

| | |
|---|---|
| CALIBRE | 7,7 MM |
| MUNITION | .303 BRITISH |
| LONGUEUR TOTALE | 1,130 M |
| LONGUEUR AVEC BAÏONNETTE | 1,330 M |
| LONGUEUR DU CANON | 0,640 M |
| POIDS | 4 KG |
| CAPACITÉ DU MAGASIN | 10 COUPS |

### Lee-Enfield No. 4 Mark I (T) et Mark I* (T)

Ce sont des fusils à lunette destinés aux tireurs d'élite. On les a parfois équipés d'un appui-joue.

### Lee-Enfield No. 5 Mark I

Nous citons cette arme pour mémoire, car elle n'a pas été utilisée, à notre connaissance, sur le front européen. Il s'agit d'un Lee-Enfield raccourci à la taille d'une carabine à la demande des forces opérant en Extrême-Orient, d'où son surnom de "Jungle Carbine".

## 3.2 - Les Carabines

À la fin de la Seconde Guerre mondiale, les troupes britanniques ont reçu des carabines U.S. M 1 et M 1 A1, qui ont été principalement utilisées par les parachutistes.

PARACHUTISTE DE LA FRANCE LIBRE, AVEC ÉQUIPEMENT BRITANNIQUE ET CARABINE U.S. M 1 A1

CARABINE U.S. M 1

N.B. Les carabines M 1 et M 1 A1 sont décrites dans la brochure LES ARMES AMÉRICAINES DU JOUR J, dans la même collection.

## 3.3 - Carabine DE LISLE

Il s'agit d'une arme destinée aux opérations spéciales.
Elle résulte de la transformation d'un fusil Lee-Enfield, dont on a conservé la boîte de culasse et la crosse.
L'ancien canon est remplacé par un autre de calibre 11,43 mm, tirant des cartouches .45 ACP. Ce dernier est prolongé par un modérateur de son d'une grande efficacité.
La culasse mobile est raccourcie, le guide-clips a disparu.
Le magasin est remplacé par un chargeur amovible de pistolet Colt M 1911.
Cette arme ne devant être utilisée que pour des tirs à courte distance, les organes de visée sont simplifiés : un guidon protégé par des oreilles et un cran de mire sur équerre basculante.

CARABINE DE LISLE

**CARACTÉRISTIQUES CARABINE DE LISLE**

| | |
|---|---|
| CALIBRE | 11,43 MM |
| MUNITION | .45 ACP |
| LONGUEUR TOTALE | 0,872 M |
| LONGUEUR DU CANON | 0,450 M |
| POIDS | 3,500 KG |
| CAPACITÉ DU CHARGEUR | 7 COUPS |

# 4 - FUSILS-MITRAILLEURS

## 4.1 - Le Fusil-Mitrailleur Bren

Afin de remplacer les armes automatiques Lewis par un matériel plus moderne, les Britanniques ont entrepris dans le courant des années vingt, une vaste campagne d'essais qui devait aboutir à la sélection de deux modèles : le Vickers-Berthier et le ZB 30. C'est finalement ce dernier, modifié par l'arsenal d'Enfield qui fut retenu et adopté en 1935 sous le nom de Mark 1. Il s'agit d'une arme robuste, fiable et bien construite.

Le nom de Bren résulte de la contraction de l'arsenal de BRno en Tchécoslovaquie où cette arme a été développée et de celui d'ENfield où elle a été construite pour les Britanniques.

Le Bren a connu de nombreuses variantes et adaptations, la plus récente concerne sa transformation en 7,62 mm NATO, elle a donné les armes de la série L 4 qui sont toujours en service.

Sa production a été répartie entre :

- Royal Small Arms Factory, Enfield Lock.
- John Inglis Co., Toronto (Canada).
- Lithgow Small Arms Factory, Lithgow (Australie).

**BREN MK 1, AVEC CANON ET BIPIED DU MARK 2 (VERSION PRODUITE EN AUSTRALIE)**

### Bren Mark 1

Le Bren est donc la version anglaise du ZB 30.

Sa crosse en bois présente une forme assez tourmentée. La carcasse parallélépipédique est en acier usiné, elle est prolongée par le cylindre à gaz qui est placé au-dessous du canon.

L'ensemble mobile est formé d'un piston-pièce de manœuvre et d'une culasse mobile oscillante. Le levier d'armement placé à droite est rabattable.

Le canon interchangeable comporte un cache-flamme tronconique en acier inoxydable. Il est muni d'une poignée qui sert à la manutention et au transport de l'arme.

Le sélecteur placé à gauche au-dessus de la poignée pistolet permet le tir coup par coup, la sûreté, et le tir en rafale.

L'alimentation s'effectue au moyen d'un chargeur cintré à introduction verticale placé sur le dessus. Un dispositif avec chargeur à tambour à grande capacité avait également été réalisé, mais il fut peu utilisé et on devait l'abandonner sur les versions tardives du Bren.

Les organes de visée sont formés d'un guidon protégé par des oreilles et d'une hausse à œilleton manœuvrée par un tambour ; elle permet le tir de 200 à 2 000 yards. En raison de la conception du dispositif d'alimentation, la ligne de mire du Bren est désaxée à gauche et l'arme ne peut être servie que par un droitier.

Ce fusil-mitrailleur fonctionne par emprunt des gaz, le cylindre est muni d'une valve réglable.

Le dispositif d'appui le plus courant est un bipied pliant monté au niveau de la frette d'emprunt des gaz. Les branches télescopiques sur les premiers modèles ont été par la suite simplifiées.

D'autres systèmes d'affûts ont été réalisés (trépied, montage sur véhicule, etc.).

## Bren Mark 1 (M)

C'est un modèle construit au Canada. Sa crosse triangulaire est simplifiée, l'amortisseur a été supprimé, les branches du bipied ne sont plus télescopiques.

## Bren Mark 2

Mis en fabrication en juillet 1941, en Grande-Bretagne et au Canada, ce modèle se présente comme un Mk I (M), plus épuré encore :

- la hausse comporte une planchette rabattable portant le curseur et permettant le tir de 200-1 600 yards,
- le levier d'armement n'est plus rabattable,
- le cache-flamme est réalisé en acier au carbone.

**CARACTÉRISTIQUES BREN MARK 1**

| | |
|---|---|
| CALIBRE | 7,7 MM |
| MUNITION | .303 BRITISH |
| LONGUEUR TOTALE | 1,150 M |
| LONGUEUR DU CANON | 0,635 M |
| POIDS | 10,050 KG |
| CAPACITÉ DU CHARGEUR | 30 COUPS |
| CADENCE DE TIR | 500 CPS / MN |

**CARACTÉRISTIQUES BREN MARK 2**

| | |
|---|---|
| CALIBRE | 7,7 MM |
| MUNITION | .303 BRITISH |
| LONGUEUR TOTALE | 1,160 M |
| LONGUEUR DU CANON | 0,635 M |
| POIDS | 10,100 KG |
| CAPACITÉ DU CHARGEUR | 30 COUPS |
| CADENCE DE TIR | 550 CPS / MN |

## Bren Mark 3

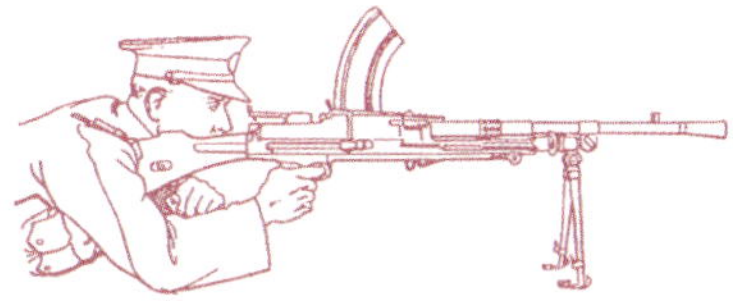

Modèle adopté en juillet 1944, il se présente comme un Mk 2 à canon court.

**CARACTÉRISTIQUES BREN MARK 3**

| | |
|---|---|
| CALIBRE | 7,7 MM |
| MUNITION | .303 BRITISH |
| LONGUEUR TOTALE | 1,080 M |
| LONGUEUR DU CANON | 0,566 M |
| POIDS | 8,750 KG |
| CAPACITÉ DU CHARGEUR | 30 COUPS |
| CADENCE DE TIR | 480 CPS / MN |

LE BREN MARK 1 EN ACTION

## Bren Mark 4

Ses caractéristiques sont identiques à celles du Mk 3, mais l'arme est obtenue par transformation du Mk 2.

F.-M. BREN SUR TRÉPIED

CHENILLETTES UNIVERSAL CARRIER ÉQUIPÉES DU F.-M. BREN

## 5.1 - Les Mitrailleuses Vickers d'Infanterie

### Vickers Mark I

Hiram Maxim a développé à la fin du XIX$^{e}$ siècle, une mitrailleuse qui connut un succès mondial. Un premier modèle fut adopté par la Grande-Bretagne en 1892, il fut suivi en 1901 et en 1904 par des versions améliorées.
Ce fut le départ d'une longue lignée de mitrailleuses qui s'illustrèrent sur les champs de bataille des deux guerres mondiales.

La Mark I a été adoptée en 1912 et elle n'a été retirée du service qu'en 1968 !
Sa fabrication était répartie entre :

- Vickers-Armstrong Ltd., Londres.
- Lightgow Small Arms Factory en Australie.
- Colt's Patent Firearms Company, Harford (Connecticut), États-Unis.

La Vickers est une mitrailleuse à refroidissement par eau. Elle se compose d'une boîte de culasse parallélépipédique avec deux poignées, entre lesquelles se trouve la détente manœuvrée par les pouces. Le

MITRAILLEUSE VICKERS EN ACTION

système d'alimentation occupe la partie supérieure et il assure la distribution des cartouches placées sur une bande souple en toile.
Le levier d'armement en forme de manivelle est positionné à droite, tandis que le ressort- récupérateur à traction est placé à gauche dans un carter en tôle.
La culasse mobile est constituée d'une genouillère.
Le canon est placé dans un radiateur en tôle (lisse ou cannelée) contenant l'eau nécessaire au refroidissement du tube.

MITRAILLEUSE VICKERS MARK I

| CARACTÉRISTIQUES VICKERS MARK I | |
|---|---|
| CALIBRE | 7,7 MM |
| MUNITION | .303 BRITISH |
| LONGUEUR TOTALE | 1,092 M |
| LONGUEUR DU CANON | 0,721 M |
| POIDS | 14,500 KG |
| POIDS AVEC L'EAU | 19 KG |
| POIDS DE L'AFFÛT | 23,600 KG |
| CADENCE DE TIR | 550-600 CPS / MN |

Les organes de visée sont constitués par un guidon à oreilles et une hausse à planchette rabattable portant un curseur permettant le tir de 100 à 3 000 yards. On peut également utiliser un dispositif de visée pour le tir indirect, ainsi qu'un collimateur pour le tir contre avions. La mitrailleuse Vickers à refroidissement par eau est habituellement utilisée sur un affût trépied, mais il existe de nombreuses variantes pouvant être installées sur les véhicules.

### Vickers Mark II

Version allégée du modèle précédent (10 kg pour l'arme seule sans eau). Elle entre en service en 1917.

## 5.2 - Les Mitrailleuses Vickers à emprunt de gaz

### Vickers Gas Operated Mark I

Également appelée "K-Gun", cette arme est un dérivé du F.-M. Berthier. Appréciée des aviateurs dans les années trente pour sa légèreté et sa cadence de tir, elle a trouvé une application pour équiper les tourelles des bombardiers et des hydravions. Remplacée ensuite par des armes plus lourdes, alimentées par bandes, elle serait sans doute tombée dans l'oubli si David Stirling, créateur du Special Air Service n'en avait découvert les avantages en s'inspirant de l'expérience du "Long Range Desert Group". Il en équipe ses véhicules et il n'en faut pas plus pour que les troupes d'élite en fassent leur engin d'appui préféré. Au moment du Débarquement, les paras anglais et des F.F.L. utilisent des

JEEP DES PARACHUTISTES S.A.S. ÉQUIPÉE AVEC CINQ MITRAILLEUSES VICKERS "K-GUN" (LE JUMELAGE ARRIÈRE EST BÂCHÉ)

jeeps déjà expérimentées dans le désert. Elles sont amenées à pied d'œuvre par planeur ou parachute et seront en tête des actions les plus audacieuses. Alors que le front progresse lentement au nord-est de la Seine, les paras de la France Libre réalisent des raids éclairs qui les conduisent de la Bretagne sud jusque dans le Val de Loire, la Nièvre et la Bourgogne ! Les jeeps armées sont en tête de convoi, il n'y a pas moins de cinq armes par véhicule :

- un montage jumelé à l'avant côté passager, derrière un bouclier en tôle épaisse et un "hublot de tir" semi-sphérique en verre blindé,
- le conducteur dispose d'un bouclier et d'un hublot de même type ; il a à portée de la main gauche une arme articulée sur un pivot qui lui permet de renforcer l'action du mitrailleur avant,
- à l'arrière un autre jumelage de "K-Gun" ; l'action des jeeps armées doit être fulgurante, après un assaut de front, le mitrailleur arrière doit assurer la protection du véhicule qui prend la fuite.

Les S.A.S. ont également utilisé sur leurs jeeps d'assaut des mitrailleuses d'avion Browning AN-M2 de calibre 12,7 mm. Elles sont munies d'un refroidisseur perforé qui entoure le canon jusqu'à la bouche.
Les jeeps des S.A.S. se caractérisent par l'absence de pare-brise et de capote, elles ont reçu des réservoirs supplémentaires et des paniers permettant de transporter les paquetages de l'équipage et les munitions.

Dans sa version d'origine, la mitrailleuse Vickers "K-Gun" est démunie de crosse. Sa carcasse en acier usiné est très plate, elle renferme l'ensemble mobile. Le levier d'armement se trouve à droite et la fenêtre d'éjection est localisée au-dessous ; elle comporte parfois un déflecteur d'étuis et un sac de récupération des douilles.

VICKERS K-GUN

### CARACTÉRISTIQUES VICKERS « K-GUN »

| | |
|---|---|
| CALIBRE | 7,7 MM |
| MUNITION | .303 BRITISH |
| LONGUEUR TOTALE | 0,940 M |
| LONGUEUR DU CANON | 0,502 M |
| POIDS | 9,400 KG |
| CAPACITÉ DU CHARGEUR | 97 COUPS |
| CADENCE DE TIR | 950 CPS / MN |

La poignée-pistolet montée à l'arrière est réalisée en tôle emboutie ; elle est garnie avec des plaquettes en bois. Le canon se termine par un cache-flamme tronconique biseauté. Le cylindre à gaz est localisé au-dessous du canon.
Les organes de visée sont constitués par un cran de mire fixe et un guidon nu.
L'alimentation s'effectue au moyen d'un chargeur à tambour placé à plat sur le dessus.
Comme son nom l'indique cette arme fonctionne par emprunt de gaz, la culasse mobile est oscillante.
Cette arme était souvent montée en affût simple ou jumelé, sur les jeeps des S.A.S. On la trouve aussi sur affût léger pour l'infanterie ou associée à un bipied et à une crosse.

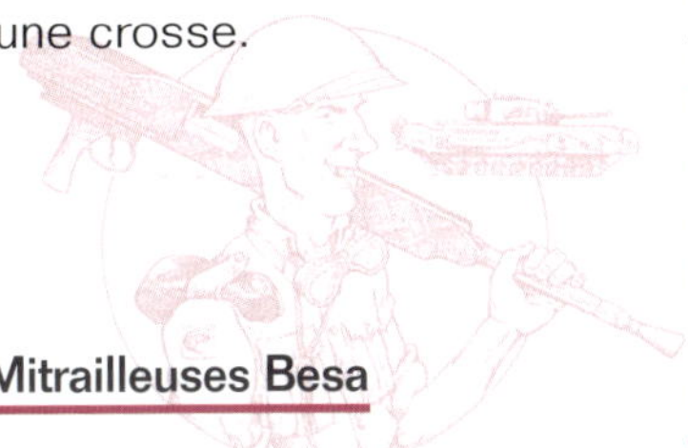

## 5.3 - Les Mitrailleuses Besa

### Besa 7.92 mm Mark 1

Bien que le sujet principal de cette plaquette concerne les armes d'infanterie, il nous semble opportun de citer les mitrailleuses de char Besa.
Considérant, à juste titre, que les mitrailleuses Vickers à refroidissement par eau n'étaient pas adaptées aux engins blindés, les Britanniques ont choisi en 1939, l'excellente mitrailleuse tchèque Modèle 37 (ou CZ 53) pour équiper leurs chars.
L'arme fonctionne par emprunt de gaz et elle tire la cartouche 7,92 mm Mauser.
La culasse mobile est du type béquille et elle est déverrouillée après un court recul du canon.

CHAR ANGLAIS CRUSADER MARK VI AVEC UNE MITRAILLEUSE BESA SUR LA CARCASSE

Le sélecteur de tir permet deux cadences (lente ou rapide).
L'alimentation s'effectue par bande articulée de fabrication mixte (maillons métalliques sur tresse textile) de 225 cartouches introduites du côté droit. Ces armes ont été produites par Birmingham Small Arms à 59 822 exemplaires.
Elles ont été construites dans les versions Mark 1, Mark 2, Mark 2*, Mark 3, Mark 3*, Mark 3/2, Mark 3/3 et sont restées en service jusqu'à la fin des années cinquante.
Il existe aussi une mitrailleuse Besa de 15 mm fonctionnant sur le même principe.

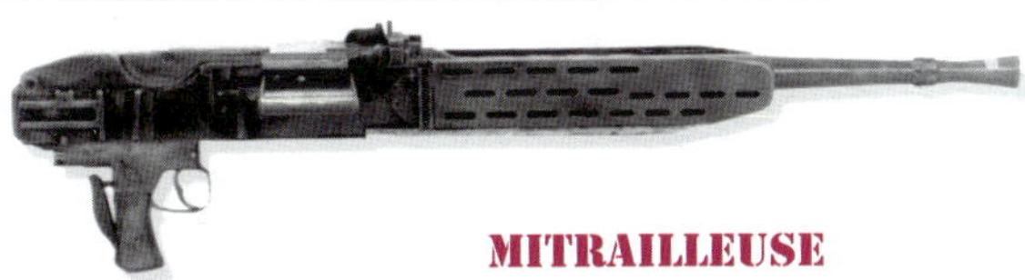

MITRAILLEUSE DE CHAR BESA MARK 1

**CARACTÉRISTIQUES BESA MARK 1**

| | |
|---|---|
| CALIBRE | 7,92 MM |
| MUNITION | 7,92 X 57 |
| LONGUEUR TOTALE | 1,105 M |
| LONGUEUR DU CANON | 0,740 M |
| POIDS | 21,400 KG |
| CADENCE DE TIR | 450 OU 750 CPS / MN |

# 6 - ARMES ANTICHARS

## 6.1 - Fusil antichar Boys Mark I

Cette arme a été mise au point par le capitaine Boys en 1938, à une époque où le blindage des chars d'assaut était encore relativement mince et pouvait être transpercé par un projectile à noyau dur.
L'engin était lourd, peu maniable, son recul et la détonation au départ du coup étaient particulièrement violents. Dépassé dès 1943 car le blindage des chars en service résistait à son projectile, et remplacé par le PIAT, le Boys resta en service jusqu'à la fin de la guerre.
Il s'agit d'un gros fusil à répétition manuelle qui s'utilise en tir couché et qui est muni à cet effet d'un point d'appui antérieur.

Sa fabrication a été assurée par :

- L'arsenal d'Enfield,
- Birmingham Small Arms,
- John Inglis à Toronto (Canada).

L'engin comporte un berceau métallique muni d'une crosse rembourrée et d'une poignée de maintien. Sur ce berceau est monté grâce à un lien élastique le groupe canon-boîte de culasse-mécanisme de mise à feu avec sa poignée-pistolet. Le canon de profil tronconique se termine par un volumineux frein de bouche.
La culasse mobile est à verrou avec armement séparé du chien. Les cartouches sont placées dans un boîtier-chargeur vertical à introduction supérieure.
Les organes de visée sont composés d'un guidon à tunnel et d'une hausse à œilleton réglable de 300 à 500 yards.

**FUSIL ANTICHAR BOYS MARK I DU SECOND TYPE AVEC BIPIED PLIANT**

Le fusil Boys prenait initialement appui sur un patin, remplacé plus tard par un bipied pliant.
Il existe un Boys Mark I*, plus rustique et muni d'une poignée de transport. Un Boys Mark II, à canon court, destiné aux parachutistes ne dépassa pas le stade de prototype.

**CARACTÉRISTIQUES FUSIL ANTICHAR BOYS MK I**

| | |
|---|---|
| CALIBRE | 14 MM |
| MUNITION | .55 BOYS |
| LONGUEUR TOTALE | 1,630 M |
| LONGUEUR DU CANON | 0,940 M |
| POIDS | 15,400 KG |
| CAPACITÉ DU MAGASIN | 5 COUPS |

## 6.2 - PIAT Mark I

Le Projector Infantry Anti-Tank est un engin de combat antichar adopté en juin 1943, il est venu en remplacement des fusils antichars Boys devenus impuissants face à la menace des chars ennemis.
Le PIAT propulse une roquette à charge creuse.
Il a été conçu par deux officiers d'artillerie : le colonel Blacker et le major Jefferis.
Sa fabrication est très rustique, elle fait appel à un tuyau de chauffage central, associé à des éléments en tôle emboutie, rivés et soudés. L'engin a été produit par des petites entreprises qui n'étaient pas des fabriques d'armes, mais qui possédaient une

CHARGEMENT DU PIAT

expérience dans le domaine de la chaudronnerie, de la mécanique générale ou de la serrurerie.
Ainsi, il n'existe pas un, mais des PIAT, chacun d'eux étant conçu sur le même principe mais comportant de multiples variantes dans la fabrication.
Le PIAT se compose d'une carcasse constituée d'un tube contenant une masse percutante associée à un gros ressort à boudin. C'est la plaque de couche qui sert de dispositif d'armement. L'extrémité antérieure du tube est prolongée d'un berceau ouvert à sa partie supérieure pour recevoir le projectile.
Un boîtier rapporté en partie basse renferme le mécanisme de mise à feu et la sûreté facultative. La poignée-pistolet est verticale et comporte une large arcade de protection.
La plaque de couche est rembourrée et peut pivoter de 90° selon que le PIAT est utilisé comme arme antichar (tir tendu) ou comme mortier (tir courbe).
Les organes de visée sont rudimentaires, ils comprennent un guidon rabattable et une hausse à deux œilletons (70 et 100 yards), munie d'un secteur circulaire et d'un niveau pour le tir courbe.
L'arme ne peut être utilisée que par un droitier ; à cet effet, la ligne de mire est déportée. La partie arrière du tube est munie d'un manchon en toile à l'endroit

où la joue du tireur entre en contact avec le tube. Ce dernier est muni d'un appui antérieur démontable, constitué d'un patin solidaire d'un collier au moyen d'une ou deux béquilles.
Au départ du coup, la charge propulsive assure le départ du projectile, tandis que par réaction, la masse percutante est rejetée vers l'arrière et vient comprimer le puissant ressort de mise à feu. Contrairement aux Panzerfaust et Bazooka, il n'y a pas d'effet arrière et l'arme peut être utilisée dans un espace confiné.
L'arme est lourde et le recul au départ du coup est violent, ce qui interdit tout tir à bras francs, seul le tir en position couchée ou sur appui est possible. Du fait de son système, le PIAT était particulièrement difficile à armer et les efforts des deux servants étaient souvent nécessaires. C'est pourquoi il était souvent transporté armé, non chargé, sûreté engagée et orifice du percuteur protégé par un bouchon en liège muni d'une chaînette. Sinon, il fallait mettre le tube en position verticale, coincer l'épaulière avec les pieds, faire tourner le tube d'un quart de tour dans le sens contraire des aiguilles d'une montre en utilisant la poignée-pistolet et armer la masse percutante. Un effort de 90 kg était nécessaire pour armer le mécanisme. Ceci fait que les servants du PIAT étaient toujours des hommes robustes.
La portée pratique du PIAT en tir direct est de 90 m, mais on pouvait aussi l'utiliser en tir courbe, comme un mortier ; dans ce cas, sa portée pouvait atteindre 350 m.
Il existe un dispositif de tir réduit qui nécessite la mise en place d'un guide qui vient prendre place dans le berceau.

Le PIAT est resté en service jusqu'en 1951.

**SOLDATS ANGLAIS À L'ENTRAÎNEMENT AVEC DES BOYS MARK I DU PREMIER MODÈLE MUNIS D'UN PATIN D'APPUI**

**PIAT MARK I**

**CARACTÉRISTIQUES**
**PIAT MK I**

| | |
|---|---|
| LONGUEUR TOTALE | 0,990 M |
| POIDS | 14 KG |

# 7 - GRENADES

## 7.1 - Les Grenades Anglaises

### Grenade Mills No. 36 Mark I

La grenade MILLS No. 36 Mark I a été créée en mai 1918 ; il s'agit d'une grenade défensive. Elle se compose d'un corps ovoïde en fonte, préfragmenté, contenant 70 g d'explosif brisant (TNT/Salpêtre ou Baratol). Son dispositif de mise à feu comprend un anneau, un levier de déclenchement, un percuteur, une mèche fusante (retard quatre secondes) et un détonateur. Les éclats de cette grenade sont mortels dans un rayon de vingt ou trente mètres.
Le corps est peint en noir, avec une bande rouge ou une bande vert clair.
Cette grenade peut être lancée en tir courbe au moyen du fusil Lee-Enfield grâce aux tromblons No. 1 Mk I ou No. 2 Mk I. Ce dernier possède un manchon fileté muni d'ouïes d'échappement qui permettent le réglage de la portée de 72 à 180 m.

**CARACTÉRISTIQUES**
**GRENADE MILLS NO. 36**

**DIAMÈTRE** 60 MM

**HAUTEUR** 98 MM

**POIDS** 770 G

### Grenade à fusil antichar No. 68 HEAT

Le corps cylindrique est muni d'une charge creuse associée à 150 g de lyddite, de pentolite ou de TNT. La partie arrière se prolonge par une queue munie d'un empennage à ailettes.
La mise à feu de la charge de démolition est assurée par une fusée percutante. La grenade est munie d'une goupille de sécurité qu'on doit ôter avant le tir.
Le corps de grenade est peint en jaune clair, avec une bande verte et une bande rouge. Les marquages sont de couleur noire.
Cette grenade peut être lancée en tir direct au moyen du fusil Lee-Enfield muni du tromblon No. 2 Mk I.

**CARACTÉRISTIQUES**
**GRENADE ANTICHAR NO. 68**

| | |
|---|---|
| DIAMÈTRE | 65 MM |
| HAUTEUR | 168 MM |
| POIDS | 895 G |

**CARACTÉRISTIQUES**
**GRENADE No. 69**
**EN BAKELITE**

| | |
|---|---|
| DIAMÈTRE | 60 MM |
| HAUTEUR | 98 MM |
| POIDS | 770 G |

### Grenade offensive No. 69 Mark I en bakélite

Elle se compose d'un corps formé de deux éléments tronconiques en bakélite. La charge explosive se compose de 92 g de mélange amatol/baratol ou de lyddite.
Le bouchon-allumeur No. 247 est muni d'une coiffe qu'on doit dévisser avant le lancement. Le percuteur est libéré en vol par une tresse textile munie d'un lest.
La grenade est peinte en noir avec des croix rouges et une bande verte.

### Grenade antichar No. 73

Puissant élément destructeur renfermant une forte charge d'explosif brisant. Il est constitué d'un corps cylindrique en fer blanc, d'un détonateur et d'un bouchon-allumeur No. 247.
Il est efficace contre le train de roulement des chars, mais sa portée reste limitée en raison de sa masse : 10 à 15 m.
Le corps de la grenade est peint en jaune clair.

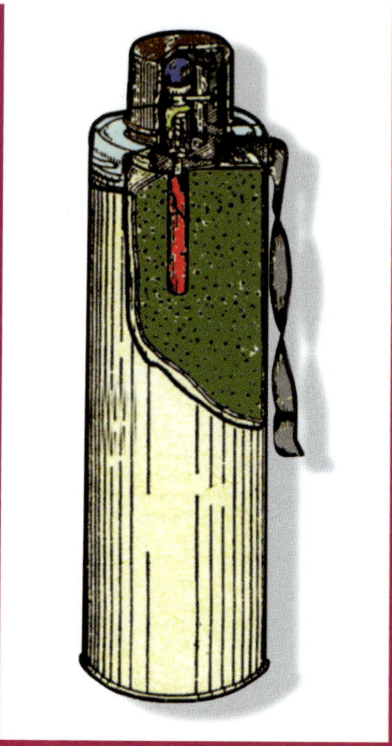

**CARACTÉRISTIQUES**
**GRENADE ANTICHAR**
**No. 73**

| | |
|---|---|
| POIDS | 1 800 G |

### Grenade offensive No. 74 Mark 2

C'est une grenade à manche comportant une enveloppe sphérique formée de deux éléments. Avant le lancement, on tire une goupille qui permet aux deux hémicoquilles de se séparer du reste. À l'intérieur se trouve un sac muni d'une enveloppe gluante qui adhère à tout support sec. Il y a dans cette enveloppe une ampoule de verre renfermant 567 g d'un composé chimique à base de nitroglycérine.

Le manche est muni d'un anneau et d'un levier de déclenchement.
Le corps est peint en kaki, avec une bande rouge.

**CARACTÉRISTIQUES**
**GRENADE OFFENSIVE No. 74**

| | |
|---|---|
| DIAMÈTRE | 120 MM |
| HAUTEUR | 250 MM |
| POIDS | 1 020 G |

### Grenade mine No. 75

C'est une véritable mine antichar munie d'un détonateur à pression. On l'enfouit sur le passage des engins blindés dont elle est censée détruire les chenilles et le train de roulement. Exceptionnellement, on peut l'utiliser comme une grenade et la lancer vers l'objectif à courte distance.
Pour détruire les chenilles d'un char Tigre, il fallait au moins quatre grenades No. 75.

**CARACTÉRISTIQUES**
**GRENADE INCENDIAIRE No. 77**

| | |
|---|---|
| DIAMÈTRE | 54 MM |
| HAUTEUR | 110 MM |
| POIDS | 380 G |

### Grenade incendiaire No. 77 - I

Elle est munie d'un corps cylindrique en tôle mince, qui renferme 230 g de phosphore blanc.
Le bouchon-allumeur est du type No. 247.
Le corps est peint en kaki avec des marquages jaunes.

### Grenade fumigène-incendiaire No. 80 WP Mark I

Plus volumineuse que le modèle précédent, elle renferme 320 g de phosphore blanc.
Bouchon-allumeur No. 2 Mk 1, avec anneau et levier de déclenchement.
Le corps de la grenade est peint en kaki, les marquages sont de couleur noire.

**CARACTÉRISTIQUES**
**GRENADE FUMIGÈNE No. 80**

| | |
|---|---|
| DIAMÈTRE | 54 MM |
| HAUTEUR | 137 MM |
| POIDS | 550 G |

## Grenade Gammon No. 82

C'est une grenade offensive aux effets dévastateurs très importants.
Elle a été mise au point par le capitaine Arthur Gammon du 1er régiment parachutiste ; il s'agit essentiellement d'un engin de démolition (véhicules, blockhaus).
Elle se compose d'un sac en toile contenant une charge de 750 g de plastic coiffée par un bouchon-allumeur No. 247, dont l'action est combinée avec une fusée "Allways" et un détonateur No. 8. Le bouchon est ôté par l'utilisateur avant le lancer ; dès que la grenade est en l'air, un lest de plomb incite une tresse à se dérouler et à arracher la goupille de sécurité.

## Grenade fumigène No. 83 Smoke Mark 3/7

**CARACTÉRISTIQUES**
**GRENADE GAMMON No. 82**

| | |
|---|---|
| DIAMÈTRE | 70 MM |
| HAUTEUR | 56 MM |
| POIDS | 900 G |

**CARACTÉRISTIQUES**
**GRENADE FUMIGÈNE No. 83**

| | |
|---|---|
| DIAMÈTRE | 58 MM |
| HAUTEUR | 140 MM |
| POIDS | 455 G |

Corps cylindrique en tôle mince avec 200 g de composition fumigène. Bouchon-allumeur No. 3 Mk 1/2 à levier fusant.
Le corps de grenade est peint en vert clair, les marquages sont noirs.

## 7.2 - Roquettes

### Bomb A.T. / H.E.

La roquette du PIAT se présente sous la forme d'une petite bombe à corps cylindrique prolongée par un détonateur d'impact. Du côté opposé, elle est munie d'une queue et d'ailettes.
La cartouche propulsive est contenue dans un petit tube d'aluminium fixé à l'empennage.
Le projectile le plus couramment utilisé était celui à charge creuse, antichar et antipersonnel. Il est peint en kaki et porte au niveau de l'ogive une suite de croix rouges. Le corps porte une bande qui peut être selon le cas :

- vert clair,
- bleue avec deux filets jaunes,
- bleue avec deux filets jaunes et un filet central noir.

Le projectile était capable de détruire tous les chars ennemis en service à l'époque. Au départ du coup, sa vitesse est de 135 m/s, mais elle croît pendant le temps de vol.

### Bomb Practice Inert A.T.

Projectile d'exercice de même type que la roquette à charge creuse ; il est muni d'une cartouche propulsive mais ne comporte ni détonateur, ni charge explosive. L'enveloppe du détonateur étant détruite à l'impact, le projectile n'est pas réutilisable.
Il est peint en noir, avec un marquage INERT en lettres blanches et une ceinture de couleur jaune est peinte autour du corps.

**CARACTÉRISTIQUES**
**BOMB ANTI-TANK**
**HIGH EXPLOSIVE**

| | |
|---|---|
| CALIBRE | 89 MM |
| HAUTEUR | 380 MM |
| POIDS | 130 G |

### Bomb Drill A.T.

Projectile de manipulation démuni de toute charge pyrotechnique.
Il est peint en noir, reçoit le marquage DRILL peint en blanc.

### Shot Practice A.T.

Projectile de tir réduit, constitué d'un tube d'acier vissé sur une tête cylindrique en fonte. Il contient une cartouche propulsive, il est rechargeable et réutilisable.
Son utilisation nécessite l'emploi d'un accessoire qui prend place dans le berceau de chargement.

# 8 - MUNITIONS

## 8.1 - .380 Mk II

En 1927, les Britanniques adoptent une nouvelle munition d'arme de poing. Contrairement à ce qui se fait partout ailleurs dans le monde, on reste ici fidèle au revolver.
L'arme future va tirer une cartouche plus légère que celle utilisée avec la génération précédente d'armes de poing.
On choisit alors de retenir une munition qui n'est rien d'autre qu'une version moderne de deux munitions plus anciennes très proches l'une de l'autre : le .380 C.F. et le .38 Smith & Wesson court.

CARTOUCHE .380 MK II

CARTOUCHE INERTE D MK I

On s'interroge aujourd'hui sur un tel choix, alors qu'il existait des munitions de même calibre, plus puissantes : .38 S&W long et .38 Special.
Les Britanniques retiennent une balle cylindro-ogivale en plomb de 200 grains (12,8 g) et l'ensemble est désigné .380 Mk I.

En 1937, on met en service un nouveau chargement avec une balle cylindro-conique à noyau de plomb et enveloppe en tombac. La cartouche .380 Mk II est née. Elle est fabriquée par de très nombreuses cartoucheries de par le monde. Aujourd'hui encore elle figure au catalogue de plusieurs manufactures.

Variantes :
- cartouche à balle Mk II Z chargée à la nitrocellulose,
- cartouche à blanc L Mk I, sans balle, étui fermé en rosette,
- cartouche d'épreuve Q Mk 2 ou Mk II Z,
- cartouche inerte D Mk I, étui chromé avec des flûtes peintes en rouge, balle cylindro-hémisphérique en plomb nu,
- cartouche inerte D Mk II, étui chromé avec des flûtes peintes en rouge, balle cylindro- conique chemisée de tombac.

La vitesse initiale du chargement de base est de 182 m/s avec une énergie de 21 kgm.

## 8.2 - 9 mm Mark I Z et Mark II Z

La mise en service des pistolets-mitrailleurs Lanchester, Sten et plus tard, des pistolets Browning fabriqués au Canada, devait amener les Britanniques à mettre en place des unités de production de cartouches 9 mm Parabellum pour les armées de l'Empire et pour approvisionner les mouvements de résistance.

En Europe, on utilisait surtout des munitions produites en Grande-Bretagne et au Canada.
Elles sont facilement identifiables à leur étui cylindro-conique à gorge, confectionné en laiton, avec au culot le marquage du fabricant et la flèche du service de contrôle britannique.
La balle cylindro-ogivale comporte un noyau de plomb et une chemise en tombac (laiton à forte proportion de cuivre).

CARTOUCHE À BALLE ORDINAIRE MK II Z

CARTOUCHE INERTE D MK II

Le premier modèle, adopté en décembre 1941, est appelé 9 mm Mk I Z. Il est suivi en septembre 1943 du modèle Mk II Z, dont la charge est un peu plus forte (3,8 g de nitrocellulose au lieu de 3,2 g).

Variantes :
- cartouches d'épreuve Q Mk I et Mk I Z, étui en laiton cuivré,
- cartouche inerte D Mark I, étui percé de quatre trous,
- cartouche inerte D Mark II, étui chromé et flûté.

## 8.3 - .455 Webley

Bien que remplacés dès les années 1930 par des armes de calibre .380, les revolvers Webley calibre .455 sont restés en service jusqu'en 1947.

Ils tiraient la cartouche .455 Webley Mk VI, dernière variante de la famille adoptée en 1939 pour respecter la convention de La Haye.

CARTOUCHE À BALLE .455 MK VI

CARTOUCHE INERTE

L'étui cylindrique à bourrelet est confectionné en laiton. Il est chargé à la cordite et plus tard à la nitrocellulose (marquage Z sur le culot).

La balle blindée pèse 17 g. Elle est confectionnée avec un noyau de plomb et une enveloppe en alliage de cupronickel.

Sa vitesse initiale est de 198 m/s et elle développe une énergie de 343 joules.

Il existe des cartouches à balle, des cartouches à blanc et des cartouches inertes.

## 8.4 - 455 Webley Auto

Spécialement réalisée pour les pistolets semi-automatiques Webley, cette cartouche, mise en service en 1913, ressemble beaucoup au .45 ACP, mais son étui est un peu plus long et à quelques dixièmes de millimètre près, le calibre est différent.

.455 WEBLEY AUTO MK I

La munition .455 Webley Auto possède un étui cylindrique à gorge confectionné en laiton. Il mesure 23,6 mm (contre 22,8 mm pour le .45 ACP).

La balle cylindro-hémisphérique avec noyau en plomb et chemise en cuivre nickelé présente une masse de 14,3 g.

La cartouche .455 Webley Auto a été déclassée par l'armée de terre en 1935, mais elle est restée en service dans l'aéronautique navale et la marine jusqu'à la fin de la Seconde Guerre mondiale.

La vitesse initiale est 213 m/s et l'énergie de 33 kgm.

## 8.5 - .303 British

La Grande-Bretagne adopte une munition de calibre 7,7 mm (0,303 pouce) en 1888, elle est chargée à la poudre noire et possède un étui à bourrelet. Elle est chargée avec une poudre sans fumée, la cordite, à partir de 1892.
À la veille de la Première Guerre mondiale, on envisage de la remplacer par une munition pourvue d'un étui à gorge, tirant un projectile de 7 mm. Mais le projet est abandonné compte tenu de la situation internationale en Europe et aussi parce que l'ensemble des colonies britanniques est équipé d'armes de calibre .303.
En 1910, on met en service une nouvelle variante de chargement : il s'agit d'une balle cylindro-ogivale pointue composée d'un noyau de plomb, d'une ogive en aluminium, en bakélite ou en fibres ; la chemise est confectionnée en alliage cupronickel ou en tombac. Elle est chargée à la cordite et sa vitesse initiale est de 680 m/s.

On la désigne Mk VII.
À partir de 1916, cette cartouche est chargée à la nitrocellulose, elle prend alors la désignation de Mk VII Z.
On fabrique conjointement des munitions chargées à la cordite jusqu'en 1960 et à la nitrocellulose jusqu'en 1973.
Des projectiles spécialisés apparaissent jusqu'en 1945, ils sont généralement réservés aux mitrailleuses.
Les cartouches .303 British les plus couramment utilisées sont :

- cartouches à balle ordinaire Mk VII et Mk VII Z, joint d'amorce vert,
- cartouche à balle bi-ogivale pointue Mk VIII Z pour mitrailleuses, joint d'amorce mauve,
- cartouches à balle traçante G Mk I à Mk VII, lettre G sur le culot et joint d'amorce rouge,
- cartouches à balle perforante W Mk I et Mk I Z, lettre W sur le culot et joint d'amorce vert,
- cartouches à balle incendiaire B Mk I à Mk VII et Mk VII Z, lettre B sur le culot et joint d'amorce bleu,
- cartouches d'observation O Mk I, Mk II et Mk III, lettre O sur le culot et joint d'amorce noir,
- cartouches à blanc L, Mk I à Mk X, étui sans balle fermé en rosette ou recevant une balle en bois,
- cartouches propulsives H, Mk I à Mk VII, étui sans balle, obturé par une bourre ou fermé en rosette,
- cartouches d'épreuve Q, Mk I à Mk IV, marquage PROOF sur le culot,
- cartouches inertes D, Mk I à Mk X, les premiers modèles comportaient un étui percé en laiton naturel, étamé ou noirci chimiquement, on rencontre ensuite des variantes avec étui chromé ou nickelé, avec trois flûtes peintes en rouge.

Pendant la Seconde Guerre mondiale, on la fabrique en Grande-Bretagne, au Canada, en Afrique du Sud, en Australie, en Nouvelle-Zélande et aux États-Unis.

CARTOUCHE À BALLE ORDINAIRE .303 MK VII

CARTOUCHE À BLANC .303 L MK V

CARTOUCHE PROPULSIVE .303 H MK I

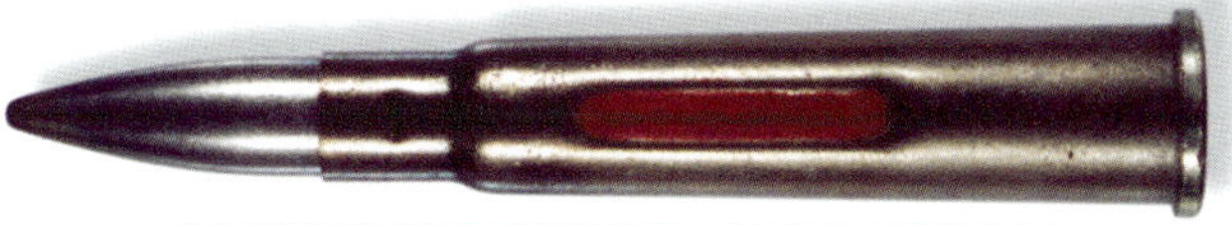

CARTOUCHE INERTE .303 D MK VII

## 8.6 - 7,92 mm Besa

Dès la mise en expérimentation de la mitrailleuse ZB 37 en 1938, les Britanniques s'intéressent à la production nationale des cartouches 7,92 mm Mauser. Celle-ci prend modèle sur les munitions tchèques fournies avec les armes d'essai et sur celles déjà réalisées chez Kynoch pour l'exportation.
La fabrication sur une grande échelle est mise en place en 1939.
Toutes les cartouches 7,92 mm Besa ont en commun de

CARTOUCHE .55 BOYS

posséder un étui bouteillé à gorge confectionné en laiton. Elles sont chargées à la nitrocellulose.

La désignation des modèles et les codes de repérage sont similaires à ceux qu'on trouve avec les munitions de calibre .303 :

- cartouches à balle ordinaire Mk 1 Z et Mk 2 Z, joint d'amorce mauve,
- cartouches à balle traçante G Mk 1 Z, Mk 2 Z et Mk 3 Z, lettre G sur le culot et joint d'amorce rouge,
- cartouches à balle perforante W Mk 1 Z et Mk 2 Z, lettre W sur le culot et joint d'amorce vert,
- cartouches à balle incendiaire B Mk 1 Z et Mk 2 Z, lettre B sur le culot et joint d'amorce bleu,
- cartouches d'épreuve Q Mk 1 et Mk 2, étui cuivré, lettre Q sur le culot et joint d'amorce jaune,
- cartouches d'exercice D, Mk 1, Mk 2 et Mk 3, étui flûté, percé ou chromé, lettre D sur le culot,
- cartouches inertes U, Mk 1 et Mk 2, étui sans amorce, chromé, lettre U sur le culot,
- cartouches inertes d'entraînement aux incidents de tir SA, Mk 1 et Mk 2, étui percé sans amorce ou étui en laiton tourné sans gorge.

Les cartouches 7,92 mm Besa n'ont été retirées du service qu'en 1966.

CARTOUCHE 7,92 MM BESA

## 8.7 - .55 Boys

Avec le fusil antichar Boys, la Grande-Bretagne adopte une munition de gros calibre, censée perforer les blindés adverses. La technologie employée est celle du Tankgewehr, qui montrera bien vite ses limites face à l'augmentation de l'épaisseur des blindages.
L'étui en laiton de forme bouteille est confectionné en laiton, son culot est muni d'une gorge et d'une ceinture. La balle perforante était capable de traverser 21 mm d'acier à 100 yards.

Les munitions produites dans ce calibre sont les suivantes :

- cartouche à balle ordinaire Mark I pour l'entraînement, joint d'amorce mauve,
- cartouches à balle perforante W Mark I et Mark II, marquage W I ou W II sur le culot et joint d'amorce vert,
- cartouches à balle traçante P Mark I et Mark II, marquage P I ou P II sur le culot, bande bleue au-dessus de la ceinture,
- cartouches à balle traçante PG Mark I et Mark II, marquage PG I sur le culot et joint d'amorce rouge,
- cartouche d'épreuve Q Mark I Z, la balle et l'étui sont cuivrés, joint d'amorce jaune,
- cartouche inerte D Mark I, étui sans amorce en laiton naturel ou chromé, porteur de trois flûtes verticales peintes en rouge,
- cartouche inerte d'armurier U Mark I, étui lesté et sans amorce en laiton étamé, balle chemisée de tombac.

# 9 - ARMES BLANCHES

## 9.1 - Baïonettes et dagues

### Baïonnette Modèle 1907/13, redésignée No. 1 en 1926

C'est une épée-baïonnette avec poignée à pommeau en acier et plaquettes en bois maintenues par deux vis. La croisière comporte une bague, son quillon recourbé est supprimé en 1913. La lame droite à simple tranchant et gouttière mesure 0,432 m. La poignée, la croisière et la naissance de la lame sont bronzées.

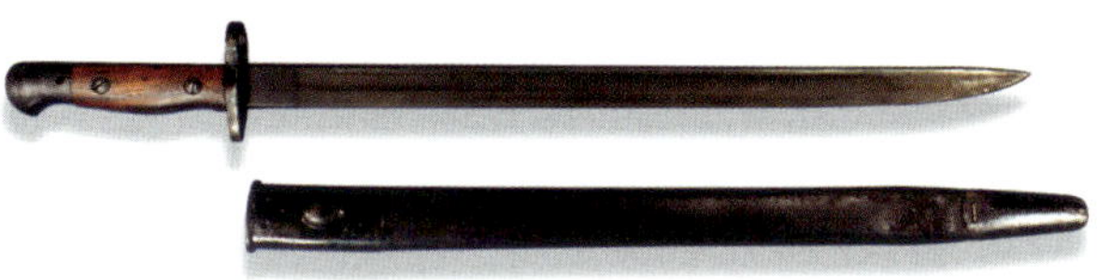

BAÏONNETTE No. 1

Le fourreau est en cuir, avec chape et bouterolle en tôle pour l'armée de terre, en laiton pour la marine.
Elle est destinée aux fusils Lee-Enfield No. 1 Mk III et Mk III* ; ainsi qu'au P.M. Lanchester.

### Baïonnette No. 4

C'est une baïonnette à douille sans poignée, il en existe plusieurs modèles :
• No. 4 Mk I : lame cruciforme en acier usiné dans le même bloc que la douille, seule cette dernière est bronzée. Fourreau tronconique en tôle, peint en noir, avec lèvres en zamak ou en acier doux.

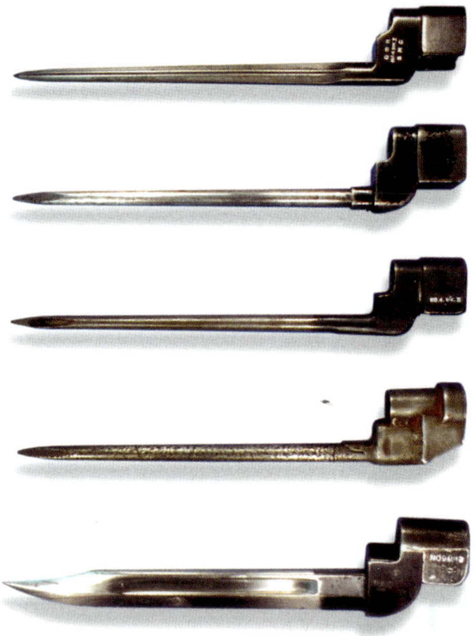

LES BAÏONNETTES À DOUILLE DU FUSIL No. 4. DE HAUT EN BAS : No. 4 MK I, MK II, MK II*, MK III ET No. 9

• No. 4 Mk II, lame ronde usinée dans une ébauche en acier forgé. Fourreau semblable au précédent ou cylindrique, confectionné en acier ou en matière plastique ; il en existe de nombreuses variantes.
• No. 4 Mk II*, la lame et la douille sont usinées séparément, puis soudées. Finition à la peinture noire.
• No. 4 Mk III, la douille est en tôle emboutie, confectionnée à l'aide de deux éléments soudés, sur lesquels la lame est rapportée.

Ces baïonnettes, qu'on surnomme volontiers "clou" sont destinées aux fusils Lee-Enfield No. 4 et au P.M. Sten Mk V.

Il existe d'autres baïonnettes adaptables à ces armes, mais elles sont postérieures à 1945 :

- No. 7, poignard-baïonnette à lame Bowie de 196 mm. Croisière droite à court quillon et large bague. Poignée garnie de plaquettes en bois. Pommeau rotatif permettant son utilisation sur les armes énoncées ci-dessus. Cette arme était initialement conçue pour la carabine Lee-Enfield No. 5. Fourreau en tôle noire.
- No. 9, baïonnette à douille avec la lame Bowie du poignard N° 7. Fourreau en tôle noire.
- Baïonnette à douille remontée avec une lame de baïonnette américaine M 4 (police sud-africaine). Fourreau en tôle noire.

## Baïonnette expérimentale pour Sten

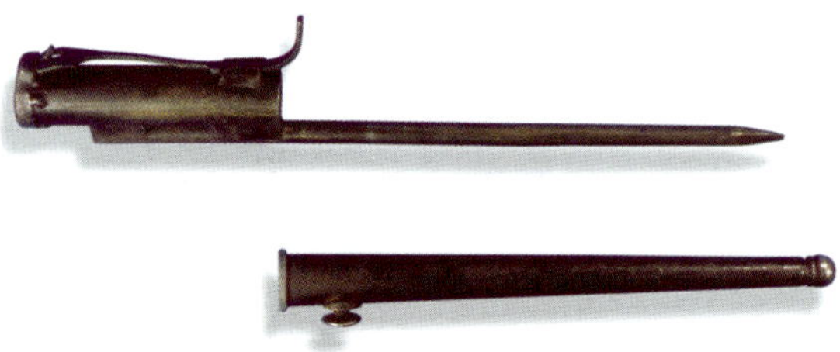

**BAÏONNETTE POUR P.M. STEN MK II**

Poignard comportant une poignée tubulaire munie d'un ressort à lame en S, destiné à son accrochage sur le refroidisseur de la Sten Mk II.
La lame est constituée par une tige d'acier effilée, soudée sur la poignée.
Le fourreau est celui du "clou" No. 4, mais cette baïonnette était aussi conçue pour pouvoir se placer dans la crosse "squelette" des Sten Mk II.
Il existe de nombreuses copies contemporaines "Made in Pakistan", de cette baïonnette.

## Dague de combat Fairbairn & Sykes

En 1941, deux capitaines instructeurs à l'école des commandos britanniques, William Fairbairn et Bill Sykes, dessinent un poignard de combat pour les unités spéciales. Ils ont une forte expérience des arts martiaux et du combat à l'arme blanche, étant tous deux d'anciens officiers de la police de Shangai.
Le projet est soumis aux autorités qui l'adoptent instantanément.
L'arme est mise en fabrication chez Wilkinson, le fameux fabricant d'épées, de sabres et de rasoirs. D'autres fabricants suivront.
La dague S.A.S. possède une lame très effilée en forme de losange. La croisière est ovale. La poignée métallique est fusiforme.
Le fourreau est en cuir.
Il existe de nombreuses copies de cette dague, dont celle produite en France par la société "Le Commando".

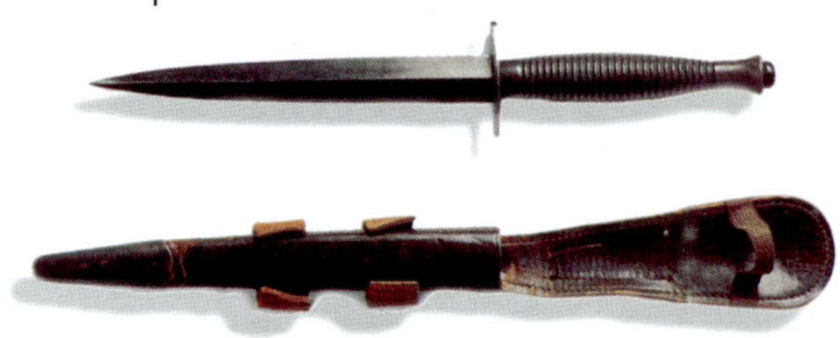

**DAGUE DE COMBAT S.A.S.**

CET OUVRAGE A ÉTÉ IMPRIMÉ SUR LES PRESSES DES IMPRIMERIES
FERRÉ OLSINA SA VILADOMAT 158-160 INT. - 08015 BARCELONE - ESPAGNE
POUR LE COMPTE DES ÉDITIONS CRÉPIN-LEBLOND - 14, RUE DU PATRONAGE LAÏQUE B.P. 2057 - 52902 CHAUMONT CEDEX 9
TÉL. : 03 25 03 87 48 - FAX : 03 25 03 87 40
DÉPÔT LÉGAL : DÉCEMBRE 2003 / N° ISBN : 2 7030 0218 1